Elisabeth Friedrich

Basteln mit Köpfchen:

DIE WELT DER TIERE

Spielerisch lernen mit inspirierenden Ideen

INHALT

VORWORT

Ich heiße Lisi und lebe zusammen mit meinem Mann, meinen drei Kindern, den Familienkatzen und -hühnern in Niederösterreich. Neben meiner Tätigkeit als Familienmanagerin eines Erstklässlers, eines Vorschulkinds und eines Babys kümmere ich mich um unseren insektenfreundlichen Garten und die Optimierung unseres Hauses.
Aufgewachsen bin ich in einem kreativen, bastelfreudigen und handarbeitsliebenden Haushalt.
Mit meinen Kindern ist die Liebe zur Kreativität neu entflammt, die ich in meinem ersten Buch *Basteln mit Köpfchen* – mit Euch teilen möchte.

In diesem Buch findest du kunterbunte Ideen zum Basteln, Spielen und viele tolle Informationen über Tiere. So kannst du dir spielend die Klima-, Umwelt- und Verschmutzungsproblematik bewusst machen.

Basteln ist so viel mehr als ein bisschen Schneiden, Malen und Kleben. Du gewinnst Fähigkeiten nebenbei, wie Zahlen- und Farbverständnis, du trainierst deine Feinmotorik und deine Geschicklichkeit, übst dich in Geduld und arbeitest mit deiner Augen-Hand-Koordination. Und das Allerwichtigste: Es geht ums Beisammensein und Spaßhaben.

Eure Lisi

MATERIAL, WERKZEUGE

Man glaubt es nicht, was man aus vermeintlichem Müll noch alles zaubern kann ... also nicht alles gleich entsorgen!

Naturmaterial
Hier ein Stöckchen, da ein Steinchen! Beim Spazierengehen nehmen Kinder gerne Äste, Steine oder Zapfen mit. Diese Naturmaterialien sind super zum Basteln geeignet und machen so manchen Wow-Effekt.

Nicht alles in den Müll
Der Karton von einem Päckchen, der Eierkarton, Eisstiele, eine leere Klopapier- oder Küchenrolle oder alte T-Shirts müssen nicht gleich in den Müll wandern. Vielmehr können damit wunderbare Spiele- und Bastelideen umgesetzt werden.

Schnipselkiste
Bei vielen Bastelideen wird nur ein kleines Stückchen buntes Bastelpapier gebraucht.
Tipp: Hebe jeden kleinen Rest an buntem Bastelpapier in einem alten Schuhkarton auf und schreibe „Schnipselkiste" darauf – dann kannst du beim nächsten Basteln immer darauf zurückgreifen.

Kleber & Schere
Flüssiger Bastelkleber, Klebestick und Klebestreifen sowie eine gute Schere gehören zur Bastelgrundausrüstung.

Farben
Wasserfarben, Acrylfarben, Buntstifte und gute Filzstifte dürfen in keinem Bastelsortiment fehlen. Aber Achtung: Hier solltest du immer eine Unterlage verwenden und am besten ein altes Shirt anziehen, denn manche Farben widerstehen selbst der Wäsche hartnäckig.

Alternative Bastelmethoden
Mit dem Pinsel malen ist dir zu langweilig? Kein Problem, nimm deine Finger dazu oder male mit einer alten Spielbürste. Mit Luftpolsterfolie lassen sich lustige kleine Kugeln drucken – einfach anmalen und umgedreht auf ein Blatt drücken. Nimm eine Blume und male damit. Lass deiner Fantasie freien Lauf und lass dich dabei nicht beirren!

Hilfe
Wenn etwas zu schwierig wird, dann bitte einen Erwachsenen um Hilfe. Wichtig ist nur, dass du es mal selbst probierst. Es muss nicht perfekt sein und auch nicht auf Anhieb klappen. Das gelingt mir selbst auch nicht immer.

REZEPTE

Knete, Spielerde & Co kann man zu Hause ganz einfach selber herstellen aus Zutaten, die es in der Küche gibt.

Knete

Zutaten
250 g Mehl
100 g Salz
220 ml kochendes Wasser
1 EL Zitronensäure
1,5 EL Wasser

Zubereitung
Alle Zutaten miteinander verkneten. Das klappt am besten mit einem Mixer mit Knethaken. Sei vorsichtig! Die Knete ist am Anfang sehr heiß durch das kochende Wasser. In Folie verpackt hält sie sich ganz lange.

Wackelpudding

Zutaten
50 g Kartoffelstärke
½ l Wasser
Lebensmittelfarbe

Zubereitung
Die drei Zutaten erhitzen, bis die Masse andickt – anschließend auskühlen lassen.

Spielerde

Zutaten
3 Tassen Mehl
1 Tasse Backkakao
2 EL Maisstärke
½ Tasse Speiseöl

Zubereitung
Du vermischst die Zutaten, und schon ist die Spielerde hergestellt.

Oobleck

Zutaten
2 Tassen Stärke
1 Tasse Wasser
Lebensmittelfarbe

Zubereitung
Die drei Zutaten gut miteinander vermischen und etwas warten, bis die Flüssigkeit die richtige Konsistenz hat.

IM WASSER

DER ANGLERFISCH

Wir tauchen in die dunklen Weiten der Meere – die Tiefsee. Dort finden wir den Anglerfisch. Dieser Fisch trägt eine Art Angel am Kopf, die leuchtet. Diese Glühbirne zieht kleine Fische magisch an und führt sie direkt in das Maul des Anglerfisches.

WISSEN

Licht ins Dunkel bringen!
Die Tiefsee beginnt etwa ab 800 Metern. Die tiefste Stelle der Erde nennt man Marianengraben, er liegt etwa 11.000 Meter unter dem Meeresspiegel.

Mühsame Nahrungsaufnahme
Da es in der Tiefsee stockdunkel ist und kein Sonnenlicht hingelangt, ist dort keine Photosynthese möglich und es können keine Pflanzen wachsen. Die Tiere ernähren sich von abgestorbenen Pflanzenresten, toten Tieren, die langsam nach unten sinken, oder sie fressen sich gegenseitig. Da die Nahrungsaufnahme sehr schwierig ist, werden die meisten Tiefseefische nur 30 Zentimeter groß. Viele davon sind völlig schwarz oder fast durchsichtig, um sich besser vor ihren Feinden zu schützen.

Wusstest du, dass die Tiefsee der am wenigsten erforschte Lebensraum unseres Planeten ist?
Durch die gewaltigen Wassermassen könnte kein Taucher den Druck aushalten.

Du brauchst

- Bastelkarton schwarz
- Salz
- Buntstift weiß
- Wasserfarben
- flüssigen Bastelkleber
- Pinsel

So geht's

1 Zuerst malst du dir den Anglerfisch mit einem weißen Stift vor. Für den Körper malst du zunächst einen Kreis, den du hinten offen lässt. Daran kommt ein Halbmond als Flosse. Die kleine Flosse am Körper zeichnest du wie einen Regentropfen. Vergiss die Angel nicht, denn sie ist das wichtigste Merkmal beim Anglerfisch. Den Leuchtkörper malst du wie eine Sonne. Du kannst aber auch einen Erwachsenen bitten, dir die Form auf den Karton zu malen.

2 Als Nächstes ziehst du deinen gemalten Anglerfisch mit dem flüssigen Bastelkleber nach.

3 Zunächst streust du das Salz auf den noch feuchten Bastelkleber. Sobald alles angetrocknet ist, klopfst du das lose, überschüssige Salz vorsichtig vom Karton. Hebe das Salz fürs nächste Basteln auf. Bitte nicht mehr zum Essen verwenden.

4 Tupfe ganz sanft den Anglerfisch mit Wasserfarben an. Sei vorsichtig, denn wenn du zu stark tupfst, könnte das Salz verrutschen. Hier kannst du etwas mehr Wasser nehmen, denn das Salz muss sich mit der Farbe vollsaugen.

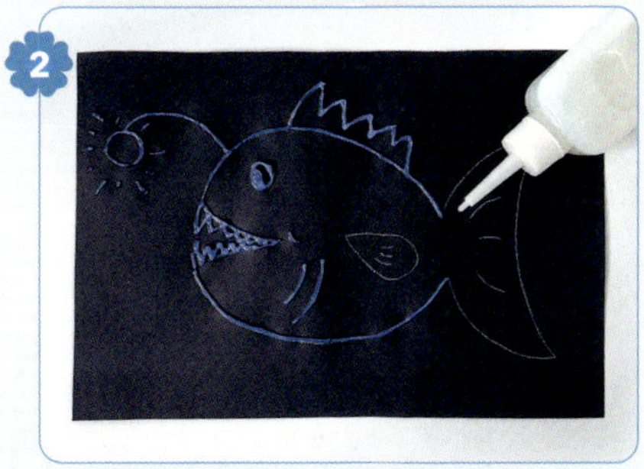

1
2
3
4
5
6
7
8

DIE KRAKE

Kraken sind faszinierende Lebewesen der Meere. Sie ändern ihre Farbe, täuschen ihre Beute, prägen sich ihre Jagdreviere ein und handeln nach Plan. Hier findest du weitere spannende Fakten über Kraken und ein tolles Fädelspiel.

Du brauchst

- Karton
- Wolle
- Strohhalme
- Locher
- Filzstifte lila, weiß, schwarz
- Wasserfarbe grün
- Pinsel und Wasser
- Wackelaugen selbstklebend
- Bleistift
- Schere

So geht's

1 Für den ersten Schritt male mit Bleistift einen großen Kreis auf den Karton – das wird der Krakenkopf.

2 Male die Krake mithilfe von Pinsel und Wasser mit der grünen Wasserfarbe an und schneide sie anschließend aus.

3 Klebe die Wackelaugen auf den Kopf und verziere die Krake anschließend.

4 Stanze mit dem Locher acht Löcher aus. Du kannst auch einen Erwachsenen um Hilfe bitten – fürs Lochen braucht man viel Kraft.

5 Schreibe die Zahlen 1 bis 8 über die Löcher.

6 Schneide acht Fäden von der Wolle ab, fädele diese durch die Löcher und verknote sie.

7 Schneide kleine Stückchen von den Strohhalmen ab.

1

2

3

4

5

6

7

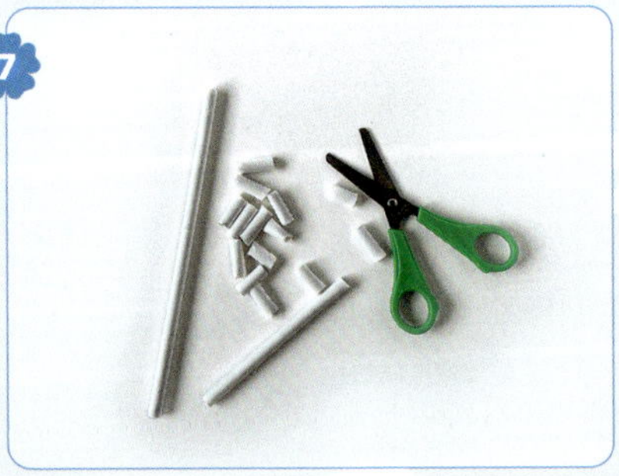

Aufgabe

Die Strohhalme sollen bei der passenden Zahl zugeordnet werden. Fädele ein Stück Strohhalm auf die Wolle, wo die Zahl eins steht, zwei Strohhalme zur Zahl zwei und so weiter, bis du alle acht Fangarme fertig hast.

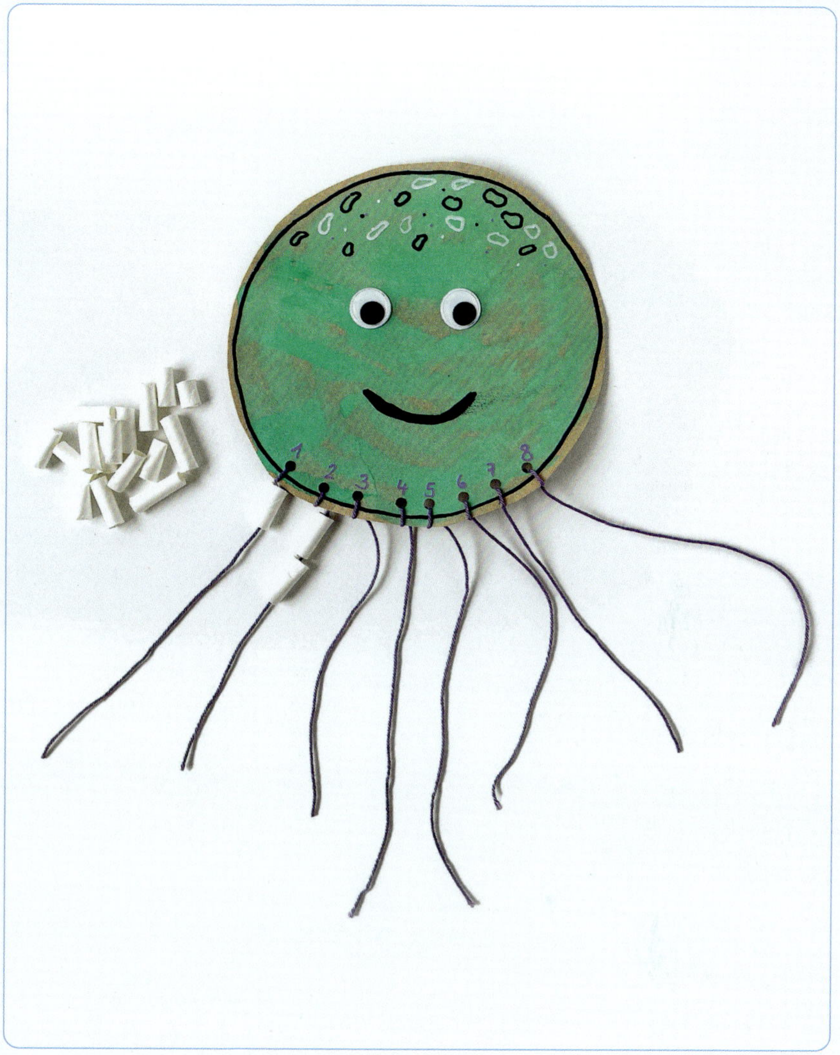

WISSEN

Kraken sind Kopffüßer, das heißt, dass die Fangarme direkt aus dem Kopf wachsen.

Kraken haben acht Fangarme. Sie besitzen keine Knochen, Knorpel oder Schale, sie sind weich.

Unterwasser-Genies
Kraken haben ein hervorragendes Gedächtnis, sie können Formen und Farben voneinander unterscheiden.

Wusstest du, dass Kraken Meister der Tarnung sind?
Die Krakenhaut verändert sich blitzschnell je nach Untergrund, Muster, Farbe oder Lage, um sich vor Feinden zu schützen oder sich unbemerkt ihrer eigenen Beute zu nähern.

Kraken ernähren sich von Muscheln, Krebsen, Krabben oder Fischen.

DER ROCHEN

Hier gehen wir den Rochen auf den Grund. Wortwörtlich – denn die Rochen leben auf dem Meeresgrund. Es gibt unzählige Arten in den Weltmeeren, von der Arktis bis zur Antarktis. Auch sind sie in der Tiefsee zu finden.

Du brauchst

- eine leere Klopapierrolle
- Bastelkarton grau, braun
- Bastelkarton lila
- Filzstifte schwarz, weiß
- Wolle
- Bleistift
- Schere
- Klebestift

So geht's

1 Markiere dir die Mitte einer Klopapierrolle mit dem Bleistift. Schneide sie dort mit der Schere auseinander.

2 Male den Rochen auf den braunen und grauen Bastelkarton. **TIPP:** Klappe den Karton zusammen, damit der Rochen symmetrisch wird, und schneide dann aus.

3 Als Nächstes klebe mit dem Klebestift die Klopapierrollen auf die Rückseite des Rochens. Das wird das große Maul des Fisches.

4 Für das Fischfutter schneide dir aus dem lilafarbigen Bastelkarton zwei Fische aus und klebe diese auf den Wollfaden.

5 Fädle die Wolle durch die Klopapierrolle und mache am Ende einen Knoten. Klebe die Rolle hinten mit einem Stück Bastelkarton zu, die Durchführung der Wolle aussparen.

6 Drehe die Rochen um und bemale sie mit den Filzstiften.

Spielidee

Ziehe hinten am Knoten und hilf den Rochen, den kleinen Fisch zu fangen.

WISSEN

Rochen sind flach, sie können 30 Zentimeter oder bis zu 9 Meter lang werden, wie der Mantarochen.

Nahrung
Rochen fressen Fische, Muscheln, Krebse, Seeigel und Seesterne. Manche Arten filtrieren Plankton, die winzigen Schwebeteilchen, aus dem Wasser.

Rochen gehören wie Haie zu den Knorpelfischen. Das heißt, sie haben keine Knochen, sondern Knorpel. Sie sind dadurch sehr leicht und schwimmen elegant durchs Meer.

Zitterrochen, Adlerrochen, Sägerochen
Weltweit gibt es 630 Arten an Rochen, diese werden in verschiedene Untergruppen eingeteilt, wie Zitterrochen, Sägerochen, Geigenrochen, Adlerrochen oder Echte Rochen. Stechrochen besitzen einen gefährlichen Giftstachel, Zitterrochen sind elektrisch geladen und betäuben ihre Beute mit Stromschlägen.

Sind Rochen gefährdet?
Der Rochen ist durch Meeresverschmutzung und Überfischung bedroht. Der Mensch nimmt den Rochen durch den groß angelegten Fischfang die Nahrung weg. Bei bodennahen Fangmethoden werden Rochen versehentlich zum Beifang.

DIE MEERESSCHILDKRÖTE

Die Meeresschildkröte kann ganze Ozeane durchqueren und findet dennoch immer wieder an den Strand zurück, wo sie geboren ist. Säuberst du mit uns ihren Strand?

Du brauchst

- Wackelpudding (s. Rezept Seite 7)
- Kichererbsen, getrocknet (kannst du danach noch zum Kochen verwenden)
- Spielzeug-Meeresschildkröten (falls ihr keine habt, nehmt einfach andere Figuren wie Fische o.Ä.)
- Plastikmüll, z.B. Flaschendeckel, Plastiktütenfetzen
- Zange (die kannst du dir aus einem Streifen Pappkarton, den du in der Mitte faltest, ganz leicht selbst basteln)

So geht's

Stelle den Wackelpudding her wie im Rezept angegeben, siehe Rezept Seite 7.

1 Leere die getrockneten Kichererbsen auf den Teller, das wird der Sand.

2 Schütte vorsichtig den noch warmen Wackelpudding, das Meer, auf den Teller, spare dabei den Sand aus.

3 Verteile das Plastik im Meer und auf dem Sandstrand.

4 Verteile die Schildkröten.

1

3

2

4

WISSEN

Es gibt über 350 Schildkrötenarten auf der Welt, aber nur sieben davon leben im Meer.

Diese sieben Arten sind alle streng geschützt. Nur leider sterben jährlich viele tausende davon. Die Tiere verwechseln herumtreibendes Plastik mit ihrer Lieblingsspeise, den Quallen, und können das Plastik nicht verdauen. Viele Meeresschildkröten verheddern sich in Fischernetzen oder bleiben an den Leinen der Fischerei hängen. Noch dazu ist die Eiablage gestört, weil der Mensch die Strände verbaut.

Meeresschildkröten leben ausschließlich im Meer. Nur die Weibchen kehren zur Eiablage an den Strand zurück, wo sie selbst geboren sind.

Die Reisenden
Meeresschildkröten halten sich nie in einem bestimmten Meeresgebiet auf, sie ziehen immer umher. Sie folgen Meeresströmungen und legen dabei bis zu 100 Kilometer täglich zurück.

Wusstest du, dass eine Meeresschildkröte bis zu sieben Stunden unter Wasser sein kann, ohne Luft zu holen?

Hilfe!

Seht ihr das ganze Plastik im Meer? Die Meeresschildkröten können hier kaum mehr schwimmen. Fische das ganze Plastik aus dem Meer, damit die Meeresschildkröten wieder einen sauberen Lebensraum haben.

ARKTIS

IN DER KÄLTE

DER PINGUIN

Pinguine gehören zu den Vögeln, die nicht fliegen können. Stattdessen verwenden sie Flügel und Schwimmhäute an den Füßen zum Schwimmen. Die meiste Zeit verbringen die Tiere im Wasser. Bei schweren Stürmen und zum Brüten kommen sie an Land.

Du brauchst

- Kartonstücke, verschieden groß
- Bleistift
- Schere
- Schüssel
- Büroklammer
- Wolle
- Ast
- Wackelaugen (falls du keine hast, kannst du diese mit schwarzem Filzstift auf kleine weiße Papierkreise aufzeichnen)
- Wachsmalstifte schwarz und weiß
- Bastelpapier gelb

So geht's

1 Als Erstes malst du die Eisscholle, den Pinguin, ein paar Fische, Berge mit Bleistift auf Karton vor. Für den Pinguin malst du erst einen Kreis für den Kopf, daran kommt ein länglicher Körper und zwei längliche Flügel. Die Eisscholle kannst du so malen, wie du dir eine Eisscholle vorstellst, mit Ecken oder auch etwas rund. Für die Eisöffnung lege die Schüssel auf den Karton und fahre mit dem Bleistift den Schüsselrand nach. Für die Fische malst du einen Kreis, den du hinten offen lässt, und daran ein Trapez. Für die Berge kannst du ein paar Dreiecke nebeneinander malen.

2 Schneide den Karton aus. Das kann etwas schwierig sein, frage einen Erwachsenen um Hilfe, wenn du nicht weiterkannst.

3 Male den Pinguin und die Fische mit dem schwarzen und weißen Wachsmalstift an. Schneide aus dem gelben Papier einen Schnabel und Füße aus und klebe sie zusammen mit den Wackelaugen auf die Tiere. Auch die Eisscholle und die Berge kannst du mit dem weißen Stift verzieren.

4 Schneide einen langen und vier kurze Fäden Wolle ab. Binde das lange Stück um den Ast, am anderen Ende fädelst du die Büroklammer durch und verknotest den Faden. Für die Angel biegst du die Büroklammer ein bisschen auf. Bei den Fischen stichst du vorsichtig mit der Büroklammer zwei Löcher, fädelst die Wolle durch, sodass vorn eine lockere Schlaufe entsteht, und machst auf der Rückseite einen Knoten.

5 Für die Standhilfen von Pinguin und Bergen schneide aus den Resten des Kartons ein paar Stücke zurecht, schneide sie ein und stecke nun die Teile, die du befestigen möchtest, überkreuz in den Schlitz.

1

2

3
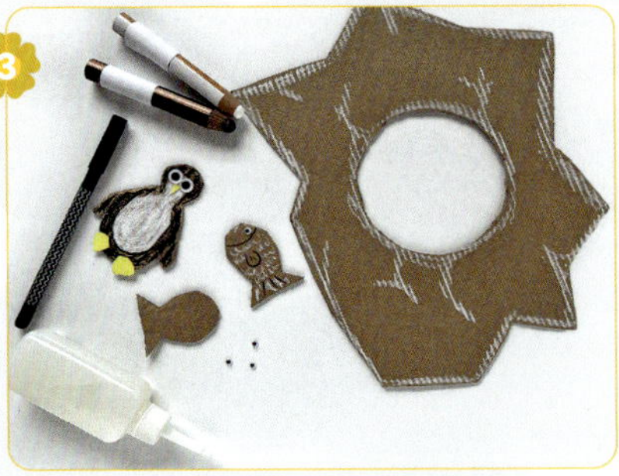

4

5

Essenszeit

Alle Fische kommen in die Schüssel. Hilf nun dem Pinguin, alle Fische mit der Angel herauszuholen. Wenn du zu zweit spielen möchtest, brauchst du nur eine weitere Angel und ein paar mehr Fische zu basteln. Viel Spaß und dem Pinguin guten Appetit!

WISSEN

Warum können Eisbären keine Pinguine fressen?
Pinguine leben in freier Wildbahn ausschließlich auf der Südhalbkugel. Das heißt in der Antarktis, auch in Südafrika, Australien, Neuseeland, Chile und Argentinien. Auch auf den Galapagos- und Falklandinseln. Eisbären hingegen leben auf der anderen Seite der Welt, auf der Nordhalbkugel.

Die verschiedenen Arten der Pinguine
Es gibt 18 verschiedene Pinguinarten. Pinguine fangen Fische, kleine Arten davon fressen kleine Tiere wie Krill, das sind kleine Krebse, die in Schwärmen schwimmen.

Feinde der Pinguine
Zu den natürlichen Feinden gehören einige Robben-Arten, wie die Seeleoparden, die Seelöwen, aber auch der Mensch. Die Überschneidung des Lebensraumes von Menschen und Pinguinen wird immer größer. Der natürliche Brutplatz wurde durch neue Häuser der Menschen zerstört. Heute sind schon viele Brutplätze als Naturschutzgebiet ausgewiesen.

Was hat ein Düngemittel mit Pinguin zu tun?
Früher haben Menschen den Guano, das ist der getrocknete Vogelkot, abgebaut und diesen als Düngemittel zu verwenden. Das ist nicht mehr erlaubt, denn die Pinguine brauchen den Guano um ihre Nester zu bauen. Diese Verbote sorgen dafür dass die Pinguine ungestört und friedlich leben können.

DAS WALROSS

Walrosse gehören zu den Robben und sind die größten Robben in der Arktis. Bekannt sind sie für ihre langen und großen Stoßzähne.

Du brauchst

- Pappteller
- Spülbürste, alternativ Pinsel
- Acrylfarbe braun
- Bastelkarton hellbraun
- Bastelkarton schwarz
- Wolle braun
- Wackelaugen, 2 Stück
- Eisstiele, 2 Stück
- Bleistift
- flüssigen Bastelkleber
- Schere

So geht's

1 Für das Walross brauchst einen braunen Kopf. Dafür drückst du vorsichtig die braune Acrylfarbe aus der Tube und tupfst diese mit der Spülbürste auf den Pappteller. Wenn du keine Spülbürste hast, kannst du eine alte Zahnbürste oder einfach einen Pinsel dafür verwenden. Wenn du fertig bist, lasse den braunen Pappteller gut durchtrocknen.

2 In der Zwischenzeit malst du zwei größere Kreise mit dem Bleistift auf das hellbraune Bastelpapier für die Wangen. Für die Nase malst du einen kleinen Kreis auf das schwarze Papier. Anschließend schneidest du die drei Kreise aus.

3 Nimm die Wolle zur Hand und schneide für das Walross Tasthaare zurecht. Später erfährst du, wie wichtig die Tasthaare für das Walross sind.

4 Wenn der Kopf des Walrosses getrocknet ist, kannst du die zwei Wackelaugen, die zwei Eisstiele für die Zähne und die Wangen mit dem flüssigen Bastelkleber darauf kleben.

5 Zum Schluss klebst du die Nase und die Tasthaare mit dem Kleber fest.

Tipp

Malen mit Spülbürste – macht einen tollen Fell-Effekt.

WISSEN

Wofür braucht ein Walross so lange Stoßzähne?
Die Stoßzähne werden meistens genutzt, um von Felsen oder Eisschollen zu kommen oder sich ein Eisloch zu schlagen. Walrosse setzen ihre Stoßzähne auch zur Verteidigung gegen hungrige Eisbären ein. Die Eisbären sind dabei oft die Verlierer.

Wusstest du, dass die Tasthaare des Walrosses sehr wichtig für die Nahrungssuche sind?
Walrosse lieben Muscheln – bei einer Mahlzeit verdrücken sie bis zu 6.000 Muscheln. Durch die mehrere hundert Tasthaare ertasten sie die Muscheln am Meeresboden und graben sie mit ihren Stoßzähnen aus. Die Walrosse fressen aber auch Schnecken, Fische, Krabben und Würmer.

Wer wiegt mehr? Das Walross oder der Eisbär?
Ausgewachsene Männchen können bis zu 1.500 Kilogramm schwer werden, ein Eisbärmännchen nur 900 Kilogramm.

Walrosse leben in Gruppen mit mehr als hundert Tieren. Am Land kuscheln sie sich auf Felsen zusammen, aber die meiste Zeit verbringen die Tiere im Meer. Damit sie dort nicht erfrieren, haben sie eine Speckschicht, die fast 15 Zentimeter dick sein kann. Diese Schicht macht ein Drittel ihres Gewichts aus.

Was haben ein Baum und ein Walross gemeinsam?
Beim Walross kann man wie beim Baum das Alter an den Altersringen ablesen. Beim Baum an den Ringen am Stamm und beim Walross an den Ringen an den Stoßzähnen.

Der Mensch und das Walross
Durch den Klimawandel ist das Walross wie der Eisbär vom schwindenden Packeis betroffen. Viele Tiere fallen auch der illegalen Jagd zum Opfer wegen ihrer Stoßzähne. Diese bestehen wie beim Elefanten aus Elfenbein.

Walrosse leben in den eisigen Meeren auf der Nordhalbkugel, genauer im Nordpazifischen und Nordatlantischen Ozean und im Nordpolarmeer.

ARKTIS

DER EISBÄR

Der Eisbär, auch Polarbär genannt, ist das größte Landsäugetier in der Arktis.
Die Eisbären leben nur auf der nördlichen Halbkugel.

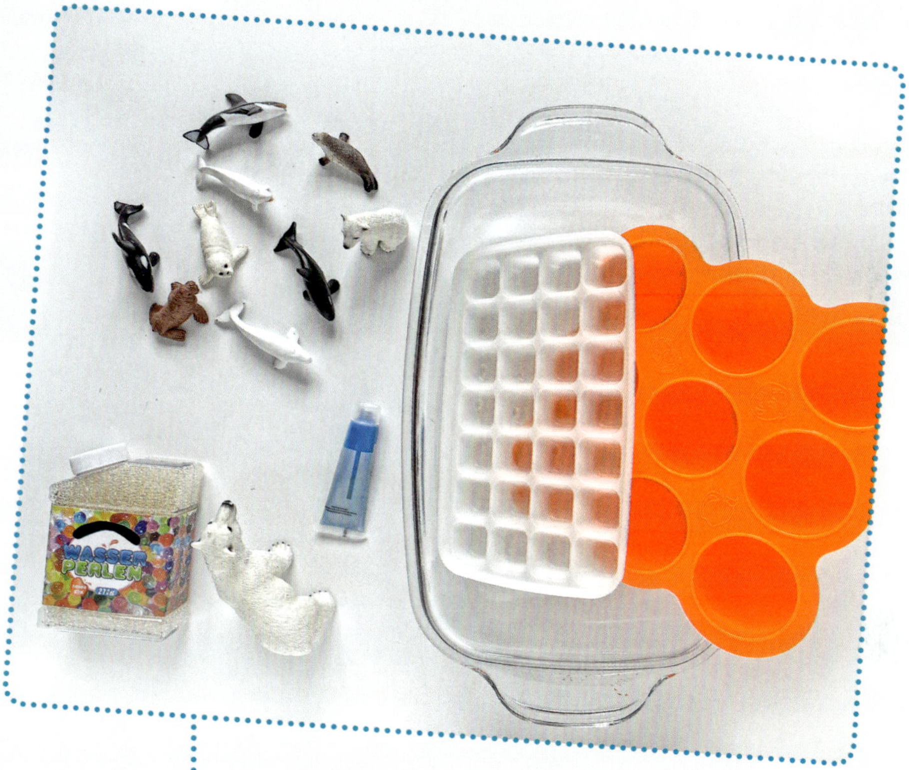

Du brauchst

- eine große Form
- viele kleine Formen
- Wasser
- Lebensmittelfarbe blau
- Wasserperlen
- kleine Tiere der Antarktis

So geht's

Für diese Spielidee braucht man ein bis zwei Tage Vorbereitung. Für unsere Eisschollen müssen wir das Wasser einfrieren und das kann dauern. Auch die Wasserperlen müssen sich erst ein paar Stunden mit Wasser vollsaugen. Fülle die kleinen Behälter mit Wasser und friere diese ein. Wenn Winter ist und es draußen Minusgrade hat, kannst du die kleinen Formen auch in den Garten oder auf den Balkon stellen, bis das Wasser gefroren ist. Frage einen Erwachsenen um Hilfe, das Ausbalancieren der Formen mit Wasser beim Tragen könnte schwierig sein.

1 Am Spieltag mischst du die Wasserperlen mit Wasser und blauer Lebensmittelfarbe in einer großen Form, damit sie sich vollsaugen. Das ist das Meer.

2 Wenn das Wasser in den kleinen Formen gefroren ist, kannst du das Eis vorsichtig herausnehmen und in die Form mit den Wasserperlen legen.

3 Verteile die Tiere auf den Eisschollen und im Meer.

1

3

2

Zeit zum Spielen!

Schiebe die Eisschollen wie Packeis hin und her. Kommt der Eisbär auf das nächste Eisstück oder muss er doch ins Wasser? Lauert der Eisbär einer Robbe auf? Kann der Eisbär eine Eisscholle zerschlagen? Wie sind die Wasserperlen? – Kannst du eine zwischen deine Finger nehmen ohne sie zu zerdrücken?

WISSEN

Sind Eisbären wirklich weiß?
Nein, das Fell erscheint nur weiß! Die Haare des Eisbären sind durchsichtig und innen hohl. Der Grund dafür ist, dass die Wärme des Sonnenlichts direkt auf die schwarze Haut fällt und gespeichert wird. Der Eisbär hat eine schwarze Nase, Augen, Lippen und Krallen. Er hat einen längeren Hals als seine Verwandten.

Die Nahrung und Jagdstrategie
Eisbären sind Allesfresser. Sie machen Jagd auf Ringelrobben, Bartrobben, aber auch auf kleine Belugawale oder Walrosse. Sie fressen Aas, etwa die Kadaver von Grönlandwalen. In der eisfreien Zeit leben sie auch von Beeren, Seetang oder Pflanzenteilen.
Weil die Eisbären nicht jeden Tag Beute finden, können sie große Mengen fressen und dann mehrere Wochen hungern. Die Eisbären riechen ihre Beute auch, wenn sie über 30 Kilometer entfernt sind.

Die Eisbären jagen auf zwei Arten: Sie lauern an Spalten und Eislöchern und warten, bis eine Robbe zum Luftholen auftaucht. Dann zerren sie diese aufs Eis. Außerdem riecht der Eisbär die Geburtshöhlen der Robben unter dem Eis und bricht diese mithilfe des Körpergewichts auf.

Die Bedrohung der Eisbären
Durch den Klimawandel wird die Welt immer wärmer. Dadurch schmilzt das Eis in der Arktis und den Eisbären fehlt der Platz zum Jagen. Außerdem verkürzt sich durch die Erderwärmung die Jagdsaison und die Eisbären können sich weniger Reserven aufbauen. Bei schlechtem Ernährungszustand pflanzen sich die Eisbären seltener fort und die Überlebenschance der Jungtiere sind geschmälert.

Wusstest du, dass Eisbären Einzelgänger sind?
Eisbären verbringen ihr Leben lang alleine. Nur zur Paarungszeit treffen Eisbären kurz zusammen.

DER SCHWERTWAL

Der Schwertwal oder Orca, wie man ihn auch nennt, taucht alle 2 bis 5 Minuten aus dem Wasser auf, um Luft zu holen. Er kann aber auch bis zu 20 Minuten unter Wasser bleiben. Der Schwertwal ist fast überall auf der Welt verbreitet.

Du brauchst

- Wäscheklammer
- festen Bastelkarton schwarz
- festen Bastelkarton weiß
- festen Bastelkarton orange
- flüssigen Bastelkleber
- Wolle
- weißen Stift
- Bleistift
- Wackelauge

So geht's

1 Als ersten Schritt male einen Schwertwal auf den schwarzen Bastelkarton. Dafür malst du eine längliche Form, am Rücken eine runde Flosse und noch zwei Schwanzflossen.
Wenn du noch Platz auf dem Papier hast, kannst du noch eine Seitenflosse malen. Für den Bauch legst du den weißen Karton direkt unter den schwarzen Karton und verbindest den Mund mit den Schwanzflossen.

2 Schneide die Körperteile des Wals aus. Du kannst auch einen Erwachsenen um Hilfe bitten. Wenn du weiterliest, erfährst du, warum der Bauch weiß ist und der Rücken schwarz.

3 Klebe mit dem flüssigen Bastelkleber oben den Rücken und unten den weißen Bauch auf die Wäscheklammer.

4 Drehe den Wal um und male den typischen weißen Fleck mit dem weißen Stift auf den Kopf des Wales und klebe davor das Wackelauge und dahinter die Seitenflosse fest.

5 Für die Beute verwendest du den orangen Bastelkarton. Male drei kleine Fische darauf und schneide sie anschließend aus.

6 Nimm die Wolle und schneide 3 Fäden ab und klebe sie an einem Ende auf den Beutefisch und am anderen Ende am Wal fest.

Der Wal ist fertig!

Nun kann er im Meer freigelassen werden. Bestimmt öffnet er gleich sein Maul, um Fische zu fangen!

WISSEN

Der Schwertwal in Gemeinschaft
Die Wale sind untereinander sehr sozial und leben in Gruppen mit bis zu 10 anderen Schwertwalen. In einer Gruppe kümmern sich alle um den Nachwuchs, egal ob sie verwandt sind oder nicht.

Der Schwertwal – der intelligente Jäger
Mit seiner auffälligen Färbung ist der Schwertwal schwer zu erkennen. Von unten ist der weiße Bauch von der hellen Wasseroberfläche kaum zu unterscheiden. Von oben ist der schwarze Rücken kaum von der Tiefe des Meeres zu unterscheiden.

Der Schwertwal frisst Fische, Vögel oder Säugetiere, etwa 20 Kilogramm davon pro Tag.

Die schwarz-weißen Wale jagen im Team auf viele Arten. Sie treiben die Beute zusammen, schneiden ihnen den Weg ab, verwirren die Beute mit Luftblasen oder schubsen sie mit kräftigen Flossenschlägen von Eisschollen herunter.

Wusstest du, dass der Schwertwal zu der größten Delfinart gehört?
Der Schwertwal wird knapp zwei Meter lang und kann mehrere Tonnen wiegen. Die aufrechte Rückenflosse nennt man Finne.

Den Schwertwal findet man auf der ganzen Welt, am häufigsten lebt er aber in den kühleren Polarmeeren in der Antarktis oder Arktis.

REGENWU
1
2
3
4
5
6
7
8
9
10
START

IM GRAS

1
2
3
4
5
6
7
8
9
10

DER MARIENKÄFER

Der beliebteste Käfer ist der Marienkäfer, er ist für uns Glücksbringer und ein Nützling. Die niedlichen Krabbeltiere haben einen runden Körper mit sechs Beinen, zwei Flügel und zwei Fühler am Kopf. Mit ihrer roten Farbe schrecken sie die meisten Feinde ab.

Du brauchst

- Knete rot (s. Rezept Seite 7)
- Karton
- Stift schwarz
- Bucheinbandfolie selbstklebend
- Kaffeebohnen

So geht's

Als Erstes bereite die Knete zu. Bitte frage bei der Herstellung immer einen Erwachsenen um Hilfe.

1 Male auf einen Karton zehn kleine schwarze Kreise für die Köpfe der Marienkäfer. An den Köpfen malst du je zwei Fühler. Lass etwas Platz für den Körper und schreibe die Zahlen von eins bis zehn darüber. Das kann auch ein Erwachsener für dich machen.

2 Klebe die Folie als Schutz auf den Karton. Dank der Folie kannst du dein Spielfeld immer wieder nutzen.

3 Rolle eine kleine Portion der roten Knete zu einer Kugel und drücke diese als Körper unter dem schwarzen Kopf flach. Wiederhole das, bis dein Spielbrett mit zehn Käfern belegt ist.

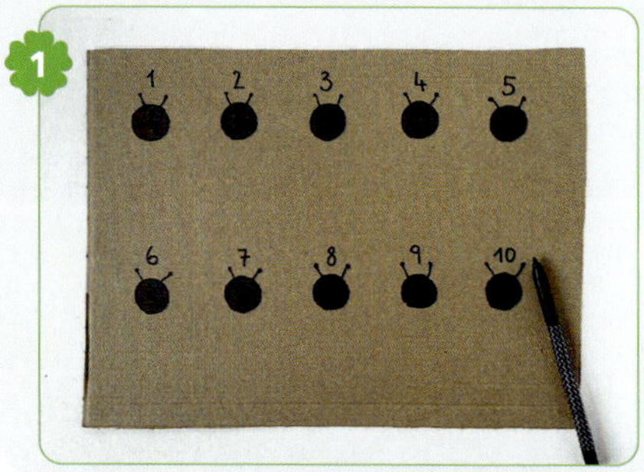

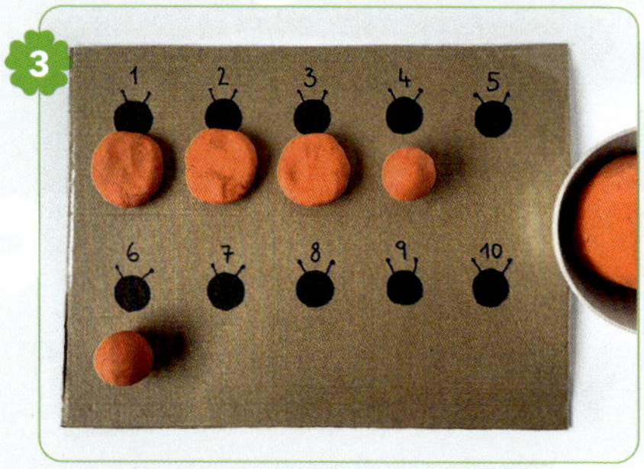

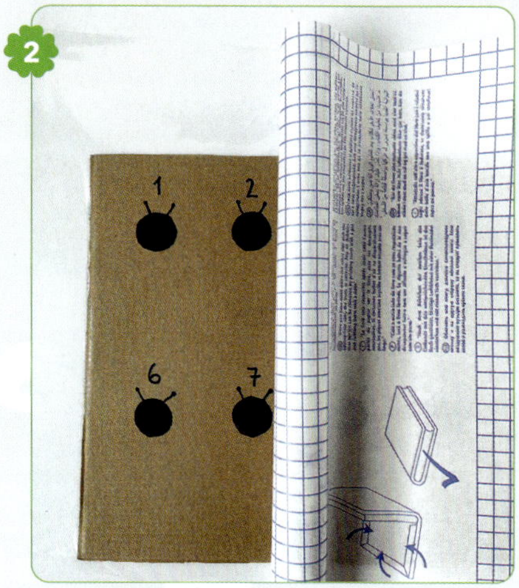

Spielidee

Nimm dir die Bohnen als Punkte der Marienkäfer und lege sie in der richtigen Anzahl auf jeden Rücken. Wenn du schon rechnen kannst, kannst du daraus auch Rechenaufgaben machen.

WISSEN

Die Punkte
Die Punkte auf den Käfern sagen nichts über das Alter aus. An den Punkten erkennt man die Art des Marienkäfers: Zum Beispiel hat der Siebenpunktmarienkäfer wie viele Punkte auf dem Rücken? Richtig: sieben.

Der Marienkäfer als Nützling
Wer Marienkäfer im Garten hat, kann sich freuen. Die kleinen rot-schwarzen Insekten und ihre Larven ernähren sich von Blattläusen. Blattläuse sind Schädlinge, die den Saft der Pflanzen aussaugen. Wenn die Marienkäfer die Blattläuse fressen, schützen sie die Pflanzen auf eine schonende und natürliche Weise. Das spart die schädlichen giftigen Spritzmittel und schützt die Umwelt.

Marienkäfer im Winter
Zum Überwintern sammeln sich die Marienkäfer in Gruppen unter Baumrinden zwischen Steinen und in Fensterrahmen. Es gibt auch Marienkäferhotels zum Kaufen.

Wo lebt der Marienkäfer?
Marienkäfer leben fast überall auf der Erde, außer am Nordpol, am Südpol oder im Meer.

START

DIE BIENE

Summm, summ, summ – die Bienchen, unsere fleißigen Helfer.
Hier findest du ein tolles Magnetspiel und du erfährst, wieso Bienen so wichtig für uns Menschen sind.

Du brauchst

- Karton A4
- Bastelkarton braun
- Magnetstab
- Magnetchip
- Filzstifte gelb, schwarz, grün
- kleines Ästchen
- Wackelauge (du kannst ein Auge mit schwarzem Stift auf einen kleinen weißen Papierkreis zeichnen)
- Schere
- flüssigen Bastelkleber

So geht's

1 Für die Biene male eine ovale Form mit dem gelben Filzstift auf den braunen Bastelkarton. Mit dem schwarzen Stift male Streifen auf den Körper der Biene. Schneide für die Flügel ein Herz aus dem weißen Karton aus und klebe sie auf den Körper auf. Anschließend umrande die ganze Biene mit dem schwarzen Stift. Klebe das Wackelauge auf die Biene.

2 Schneide die Biene aus dem braunen Bastelkarton aus.

3 Klebe mit dem flüssigen Bastelkleber den Magnetchip auf die Rückseite der Biene.

4 Nimm den großen Karton und schneide vorsichtig ein Loch rein. Du kannst auch einen Erwachsenen um Hilfe bitten.

5 Klebe den Zweig auf dem Karton fest.

6 Um das ausgeschnittene Loch male mit dem gelben Filzstift den Bienenstock. Verziere den Ast mit grünen gemalten Blättern.

7 Für die Landebahn male eine gestrichelte geschwungene Linie mit dem schwarzen Buntstift von einer Kartonecke zu dem Loch des Bienenstocks. Du kannst auch Start und Ziel dazu schreiben.

1

2

3

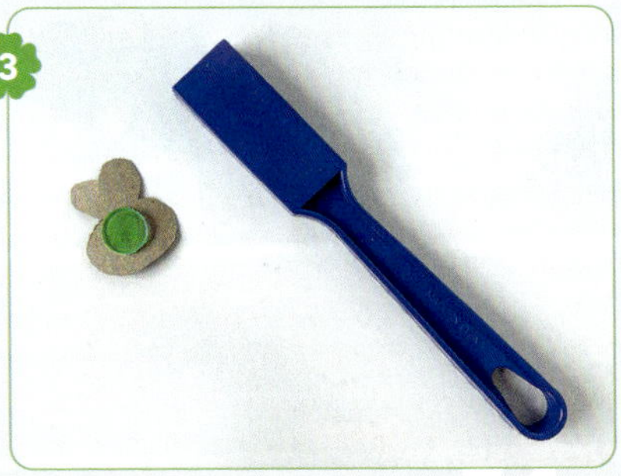

4

5

6

7

Ab nach Hause

Summm, summm, flieg mit der Biene zum Bienenstock!
Lege die Biene auf den Start. Halte mit einer Hand den Karton und mit der anderen Hand den Magnetstab unter dem Karton. Ziehe mit dem Magnetstab die Biene zum Bienenstock.

WISSEN

Wie wichtig sind Bienen?
Die Bienen bestäuben die Blüten der Pflanzen. 80 % aller Pflanzen brauchen diese Bestäubung durch Bienen und andere Insekten, damit sich aus den Blüten Früchte entwickeln. Wenn es die Bienen nicht gäbe, hätten wir keine Nahrung.

Bienen sind stark bedroht
Der Lebensraum der Biene und ihre Lebensgrundlage wird durch giftige Pestizide der intensiven Landwirtschaft, aber auch in unseren Gärten zerstört.

Viele Wildbienen fliegen nur eine bestimmte Pflanzensorte an. Verschwindet diese Pflanze, hat die Wildbiene keine Nahrung und stirbt aus.

Wusstest du, dass es über 500 Wildbienenarten neben der Honigbiene gibt?

So können wir Bienen helfen!
- bienenfreundliche Pflanzen anbauen, zum Beispiel Sonnenblumen, Lavendel, Margeriten oder Glockenblumen
- Insektenhotels aufstellen
- einen naturnahen und bienenfreundlichen Garten anlegen
- keine chemischen Spritzmittel einsetzen

REGENWURM

DER REGENWURM

Der Superstar im Boden ist der Regenwurm. Regenwürmer erzeugen wertwollen Humus, indem sie abgestorbene Pflanzenreste und Bodenbestandteile wie Bakterien und winzige Lebewesen fressen.

Du brauchst

- Spielerde (s. Rezept Seite 7)
- Spaghetti
- Lebensmittelfarbe rot
- Teller
- Karton
- Filzstift schwarz
- Bleistift
- Wäscheklammer
- Eisstiele
- flüssigen Bastelkleber

So geht's

1 Als Erstes stelle die Spielerde her. Dann koche mit einem Erwachsenen die Spaghetti in Wasser mit ein paar Tropfen Lebensmittelfarbe. Zerbrich sie vorher in unterschiedlich lange Stücke. Wenn die Spaghetti-Würmer fertig sind, seihe das heiße Wasser ab.

2 In der Zwischenzeit male mit Bleistift einen langen und einen kurzen Regenwurm auf die Spielkarten und ziehe die Form mit dem schwarzen Filzstift nach.

3 Klebe mit dem flüssigen Bastelkleber die Eisstiele auf beiden Seiten der Wäscheklammer an – das ist die Zange.

4 Streue die Spielerde auf den Teller und vergrabe die Regenwürmer.

5 Lege die Spielkarten auf.

1

2

3

4

5

Das Spiel ist fertig

Sortiere die Regenwürmer auf die Spielkarten. Schau genau! Welcher Wurm ist lang und welcher Wurm ist kurz?! Viel Spaß dabei.

WISSEN

Der beste Gärtner der Welt
Der Regenwurm gräbt die Erde um, belüftet somit den Boden, frisst Pflanzenreste wie etwa altes Laub und düngt mit nährstoffreichem Humus, ihrem Kot, den Garten.

Mädchen oder Junge?
Regenwürmer sind beides, das nennt man Zwitter.

Wusstest du, dass pro Quadratmeter durchschnittlich 100 Regenwürmer leben?

Regenwürmer als Haustiere
Regenwürmer können in Wurmkisten leben. Gefüttert werden die Würmer mit Biomüll und Zeitungspapier. Nach einiger Zeit wird der wertvolle Humus geerntet.

Rettet den Regenwurm
Wenn es regnet, flüchten die Regenwürmer an die Oberfläche – vielleicht weil die Luft in der nassen Erde zu knapp wird. Doch die Würmer vertragen kein Sonnenlicht. Liegen die Würmer auf der Erde, dann bedecke sie vorsichtig mit Blättern. Falls welche auf dem Asphalt liegen, dann bringe sie schnell, aber vorsichtig auf die Erde.

DER FROSCHTEICH

Quak quak macht es hier im Froschteich. Warum kleine Frösche ihren Eltern erst durch eine Verwandlung ähnlich sehen, erfährst du hier.

WISSEN

Die Verwandlung eines Lebewesens ...
... nennt man Metamorphose, übersetzt heißt das: Gestaltswandlung. Frösche durchlaufen diese Verwandlung im Wasser vom Ei zur Kaulquappe mit Außenkiemen bis zur Kaulquappe mit Innenkiemen. Später bilden sich die Kiemen zurück und ein Lungensack entsteht. Der Schwanz der Kaulquappe entwickelt sich zurück und Beine bilden sich aus. Nachdem die Verwandlung abgeschlossen ist, zieht der Frosch ans Land.

Das laute Quaken liegt an der Schallblase, die Frösche besitzen. Die Frösche quaken, um Weibchen anzulocken und ihr Revier abzugrenzen.

Wusstest du, dass Frösche Amphibien sind?
Das heißt, sie leben im Wasser und auf dem Land. Dazu sind Frösche wechselwarm, sie passen ihre Körpertemperatur der Temperatur der Umgebung an.

Es gibt insgesamt über 2.600 Froscharten – und zwar kommen sie überall auf der Welt vor.

Tipp

Bevor du anfängst, wasche die Schale mit Spülmittel und trockne sie anschließend gut ab. Die Schale muss absolut glatt sein.

Du brauchst

- Porzellanschale
- Whiteboardstift schwarz
- Wasser
- Pipette
- Strohhalm (aus Papier, Glas oder Metall)

So geht's

1 Male mit dem Whiteboardstift die Kaulquappen in die Schale. Hierfür malst du einen kleinen Kreis und daran einen Schwanz.

2 Beträufele mit der Pipette die Kaulquappe mit Wasser und erwecke sie zum Leben.

3 Puste die Kaulquappen mit dem Strohhalm durch den Teich.

1

3

2

IM DSCHUNGEL

DER PAPAGEI

Bunt, bunter, Papagei!
Hier gehen wir dem bunten Vogel auf die Spur.

Du brauchst

- Bastelkarton rot
- Karton
- Federn
- Filzstifte gelb, schwarz
- Wolle
- Perlen, 2 Stück
- Wackelauge
- Strohhalm kleingeschnitten, 2 Stück
- Schere
- flüssigen Bastelkleber
- Bleistift

So geht's

1 Male als Erstes den Papagei mit Bleistift auf den roten Bastelkarton vor. Hierfür male eine Form wie eine Birne.

2 Schneide den roten Papagei aus.

3 Klebe den Papagei auf den Karton. Damit ist der Papagei stabiler.

4 Schneide den Papagei aus dem Karton aus. Aus dem Kartonrest schneide einen Schnabel.

5 Male den Schnabel mit dem gelben Filzstift an und umrande den Schnabel und den Papagei mit dem schwarzen Stift.

6 Klebe das Wackelauge, die Feder und den Schnabel mit dem flüssigen Bastelkleber fest.

7 Drehe den Papagei um und klebe die zwei Stücke Strohhalm auf die Rückseite.

8 Fädele die Wolle durch die zwei Strohhalme und verknote die Perlen am Ende. Binde am anderen Ende eine Schlaufe zum Aufhängen.

1
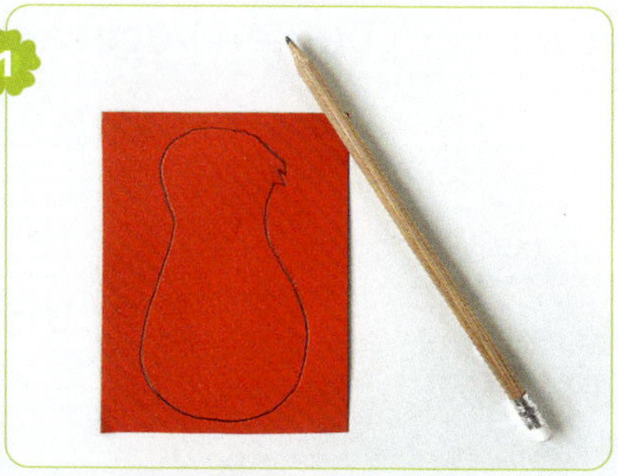

2

3
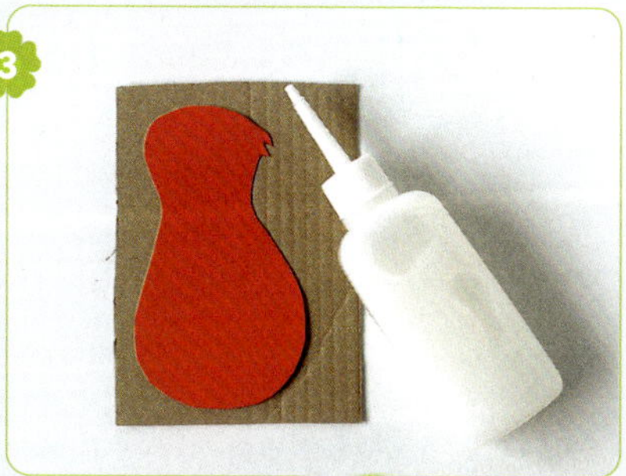

4

5

6

7

8

Spielidee

Befestige das obere Ende der Wolle mit einem Klebeband. Ziehe an den grünen Perlen. Hui – plötzlich beginnt der Papagei zu fliegen.

WISSEN

Wusstest du, dass man einen Papagei an seinen Füßen erkennt?
Der Papagei hat zwei Zehen vorne und zwei hinten.

Papageien leben auf fast allen Kontinenten, von eisigen Gebirgen über trockene Savannen bis zu warmem Regenwald. In den Amazonas-Regenwäldern sind die meisten Arten zu finden. Papageien, die aus Gefangenschaft entflohen sind oder freigelassen wurden, können sich auch leicht in ihrer neuen Umgebung eingewöhnen, d. h. sie können auch in der Großstadt überleben.

Papageien sind Rechts- und Linkshänder.

Warum gibt es bedrohte Arten?
Der Fang und der Handel der Papageien stellt eine Bedrohung dar. Auch die zunehmende Zerstörung der Lebensräume für die Papageien hinterlässt Spuren.

DER TIGER

Der Tiger ist die größte Raubkatze und lebt in Asien.
Hier erfährst du, warum der Tiger seine typischen Streifen hat.

Du brauchst

- Rasierschaum
- Wassermalfarben ocker, braun
- Bastelkarton weiß
- Bastelkarton in drei verschiedenen Grüntönen
- Filzstift schwarz
- Auflaufform
- Klebestift
- Wasser
- Pinsel
- Bleistift
- Schere

So geht's

1 Sprühe den Rasierschaum in die Auflaufform.

2 Male nun mit den Wassermalfarben Striche auf den Rasierschaum. Abwechselnd ocker und schwarz.

3 Nimm den weißen Bastelkarton und lege ihn auf den Rasierschaum und drücke ihn leicht an, nimm den Bastelkarton vorsichtig aus der Form und lasse ihn trocknen.

4 In der Zwischenzeit schneide aus dem grünen Bastelkarton Büsche und Gräser aus. Lasse ein Blatt davon ganz. Das wird der Hintergrund.

5 Male mit Bleistift einen Tiger auf das gestreifte Papier und schneide ihn aus

6 Mit dem Filzstift male ein Gesicht und die Konturen des Tigers.

7 Klebe auf das grüne Papier den Tiger und die Gräser.

1

2

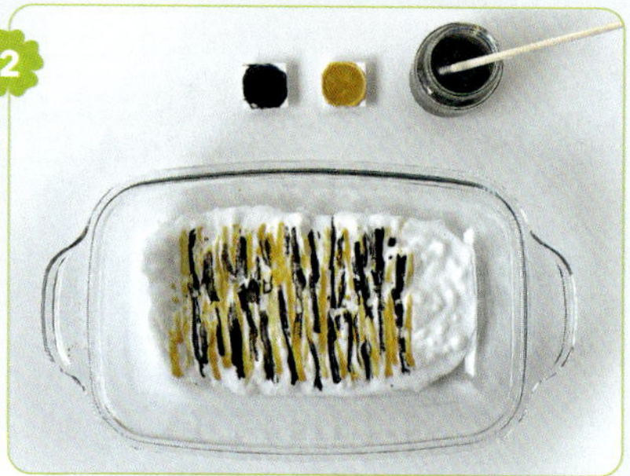

3

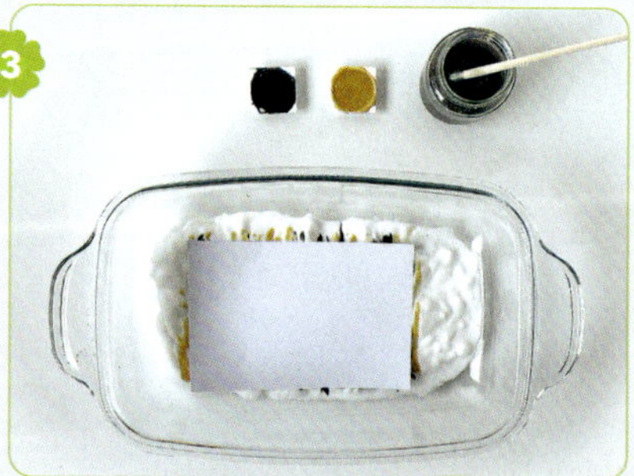

4

5

6

7

Fühl mal

Durch den getrockneten Rasierschaum hat der Tiger eine ganz kuschelige Oberfläche.

WISSEN

Die Streifen auf dem Fell des Tigers dienen zur Tarnung. In der Dämmerung sehen die Streifen wie der Schatten von hohem Gras aus.

Der Einzelgänger
Der Tiger braucht ein Jagdrevier von über zehn Quadratkilometern. Durch Duftmarken grenzt er sein Gebiet ab. Nur zur Paarungszeit kommen Männchen und Weibchen zusammen, ansonsten leben sie voneinander getrennt.

Tiger streifen am liebsten durch den Dschungel. Sie meiden offenes Gelände und bleiben ohne Schutz von Bäumen in hohem Gras.

Der Mensch – die Bedrohung
Die Zerstörung seines Lebensraums ist die größte Bedrohung des Tigers. Und das geschieht, indem die Wälder gerodet werden, um Anbauflächen zu schaffen. Damit verringern sich auch seine Beutetiere. Auch fallen viele Tiger den Wilderern zum Opfer wegen des Fells und für die Verwendung in traditioneller chinesischer Medizin.

Wusstest du, dass Tiger schwimmen können?
Die allermeisten Katzen sind wasserscheu – Tiger gehören zu den Ausnahmen. Sie nehmen gerne ein kühles Bad.

DAS CHAMÄLEON

Das Chamäleon ist ein echter Verwandlungskünstler mit Rundumblick. Mehr erfährst du hier.

Du brauchst

- Karton
- Filzstifte in 6 verschiedenen Farben
- Filzstift schwarz
- Wäscheklammern, 6 Stück
- Wackelauge (falls du keines hast, kannst du es einfach mit schwarzem Filzstift auf einen kleinen weißen Papierkreis zeichnen)
- Kleber
- Bleistift
- Schere

So geht's

1 Für den ersten Schritt male mit Bleistift ein Chamäleon. Dafür male für den Kopf eine Dreiecksform, die Ecken etwas runder, für den Körper eine längliche Form und den Schwanz wie eine Schnecke. Vergiss die Farbkleckse nicht, auf dem Chamäleon und daneben.

2 Male die Farbkleckse mit den bunten Filzstiften an, immer zwei in derselben Farbe (einmal für die Wäscheklammer). Umrande das Chamäleon und die Farbkleckse mit dem schwarzen Stift.

3 Schneide die Farbkleckse und das Chamäleon mit der Schere aus.

4 Klebe die bunten Farbkleckse auf die Wäscheklammern.

5 Klebe das Wackelauge auf das Chamäleon.

1

4

2

5

3

Das Spiel ist fertig!

Das Ziel ist es, die Farbkleckse auf den Wäscheklammern denen vom Chamäleon zuzuordnen und diese dort festzuklammern.

WISSEN

Die Verwandlungskünstler
Chamäleons sind dafür bekannt, die Farbe zu wechseln. Fälschlicherweise glauben manche Menschen, dass Chamäleon das tun, um sich vor ihren Feinden unsichtbar zu machen. Die Tarnung ist aber oft nur ein Nebeneffekt beim Farbwechsel. Hauptsächlich drücken die Tiere dadurch Ärger oder Angriffslust aus oder sie wechseln die Farbe je nach Tageszeit. Im Übrigen besitzen nicht alle Chamäleons diese Fähigkeit.

Wusstest du, dass Chamäleons Einzelgänger sind?
Selbst Weibchen und Männchen vertragen sich nicht.

Das Jagdverhalten
Meist sitzt das Chamäleon auf einem Ast und lauert dort auf seine Beute. Hat es ein Insekt ausgemacht, schnellt die Zunge blitzschnell heraus und schnappt sich das Insekt.

Rundumblick
Die Augen des Chamäleons ermöglichen einen Rundumblick. Die zwei Augen können unabhängig voneinander bewegt werden. Manche Arten können auch kilometerweit sehen.

DER PANDA

Schwarz und weiß, wer kann das sein? Natürlich der Panda!
Hier geht es um den Bambus-liebenden Bären aus China.

Du brauchst

- leere Küchenpapierrolle
- Wasserfarben
- Filzstifte grün, schwarz, weiß
- Bastelkarton weiß
- Wolle
- Schraubenmutter
- Pinsel
- Bleistift
- Glas mit Wasser
- Klebestreifen

So geht's

1 Male als Erstes die leere Küchenrolle mit einer grünen Wasserfarbe an, verwende dafür das Glas Wasser und den Pinsel – das ist das Bambusrohr. Lasse das Bambusrohr gut trocknen.

2 Male mit dem Bleistift einen Panda. Dafür male einen Kreis für den Kopf, einen größeren Kreis für den Bauch, an den Kopf zwei Kreise für die Ohren, unten am Bauch für die Tatzen und unter dem Hals Tatzen in Form einer Banane, zwei Kreise für die Augen und die Schnauze.

3 Male anschließend alle Kreise mit dem Filzstift schwarz an. Der Kopf und der Bauch bleiben weiß. Nimm den weißen Stift und male Punkte in die schwarzen Augen und Fußballen in die Hinterpfoten.

4 Male mit dem grünen Filzstift Bambusblätter auf das Bambusrohr. Bambusblätter sind ganz schmale und längliche Blätter.

5 Fädele den Faden durch die Schraubenmutter und anschließend durch das Bambusrohr und verknote die Enden.

6 Klebe den Panda mit dem Klebestreifen auf die Schnur.

1

5

2

6

3

4

Spielidee

Nimm die Schraubenmutter in die Hand und lass sie in das Bambusrohr fallen. Schwupps, der Panda klettert ganz rasch das Rohr hoch!

WISSEN

Wusstest du, dass Pandas zu den Raubtieren gehören?
Von der Anatomie sind Pandas Fleischfresser, aber sie naschen fast ausschließlich Bambus. Als Zwischenmahlzeit lassen sie sich aber auch kleine Nager oder Fisch schmecken.

Kein Bambus – keine Pandas
Pandas lieben Bambus und fressen zwölf Stunden lang täglich bis zu 30 Kilogramm davon. Wenn der Bambus abgefressen ist, zieht der Panda weiter. Das Problem ist nur, dass die Menschen immer weiter in den Lebensraum der Tierchen vordringen und die Bambuswälder abholzen. Pandas sind streng geschützt, denn in freier Wildbahn leben kaum mehr als 2.000 Tiere.

Pandas sind Endemiten:
Endemit bedeutet, dass ein Tier nur in einem bestimmten Gebiet vorkommt. Pandas leben in einem kleinen Teil Chinas und sind Einzelgänger. Jeder Panda hat sein eigenes Revier, das er mit seinen Duftdrüsen markiert.

IN DER HITZE

DAS ZEBRA

Ein Zebra ist dank seines typischen Streifenmusters unverwechselbar.
Hier findest du wissenswerte Fakten über das Tier.
Und hilf unserem Zebra, seine Streifen wieder zu finden.

Du brauchst

- Bastelkarton weiß, schwarz
- Filzstifte weiß, schwarz
- Schere
- flüssigen Bastelkleber

So geht's

1 Schneide aus dem weißen Bastelkarton einen großen Kreis. Schneide dann aus dem schwarzen Bastelkarton einen kleineren Kreis und eine Mähne. Schneide die Mähne wie einen Kamm ein. Schneide zwei Dreiecke für die Ohren aus dem weißen Bastelkarton.

2 Klebe die Körperteile auf den großen runden Kreis, den Zebrakopf.

3 Male mit dem schwarzen Filzstift zwei Augen und mit dem weißen Filzstift die Nüstern und den Mund auf das Zebra.

4 Schneide mit der Schere Dreiecke aus dem Zebra aus.

5 Male die Dreiecke schwarz an. Verwende dabei eine Unterlage.

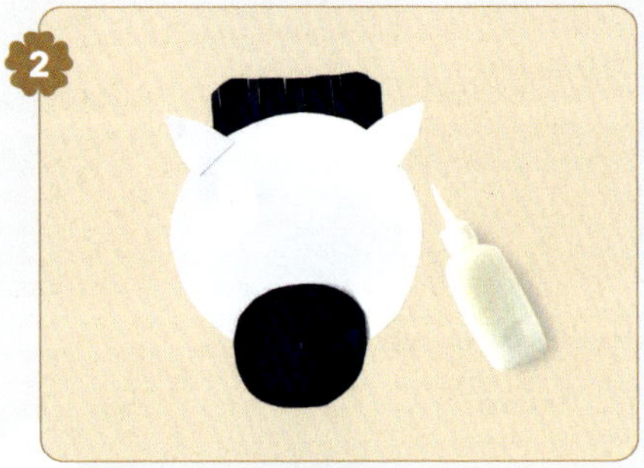

Huch, was ist denn hier los?

Das Zebra hat die Streifen verloren. Hilf dem Zebra, die Streifen wieder richtig zu platzieren.

WISSEN

Wofür haben Zebras Streifen?
Jedes Zebra hat sein eigenes Streifenmuster, so können sie sich gegenseitig unterscheiden. Auch irritieren die Streifen einer Zebraherde aus weiter Entfernung die Feinde.

Zebras sind Herdentiere und leben in größeren Gruppen. Sie reinigen sich gegenseitig das Fell. Auf dem Rücken sitzen oft Vögel und fressen Maden aus dem Fell. Man nennt die Vögel deshalb Madenhacker.

Pflanzenfresser
Zebras sind Pflanzenfresser, sie mögen am liebsten Gras.

Wusstest du, dass Zebras im Stehen schlafen?
Wie die verwandten Pferde schlafen Zebras im Stehen. Nur Fohlen legen sich auf den Boden, um zu schlafen.

Zebras können sehr schnell laufen, bis zu 80 km/h. Gelingt die Flucht vor Feinden nicht, verteidigt sich das Zebra mit gezielten Tritten und Bissen.

DER LÖWE

Der Löwe, König aller Tiere, ist die zweitgrößte und sozialste Raubkatze. Warum die Mähne des Löwen so wichtig ist, erfährst du hier.

Du brauchst

- Karton
- Kraftpapier (festes Papier, wie es z.B. für Einkaufstüten verwendet wird)
- Naturbast
- Filzstift schwarz
- Schere
- flüssigen Bastelkleber
- Bleistift

So geht's

1 Male mit Bleistift auf den Karton und das Kraftpapier einen Kreis und das Gesicht des Löwen.
Tipp: Damit du einen schönen Kreis hast, kannst du einen Teller auflegen und den Rand nachfahren.

2 Schneide den Kreis aus dem Karton und aus dem Kraftpapier.

3 Male mit dem schwarzen Filzstift das Gesicht des Löwen an.

4 Schneide den Naturbast in 10 cm große Fäden.

5 Klebe die Fäden mit dem flüssigen Bastelkleber auf die Rückseite des Löwenkopfes.

6 Klebe das Kraftpapier von der Rückseite auf den Naturbast.

7 Schneide aus dem Kraftpapier kleine Ohren aus und klebe diese an den Löwen.

Dekotipp

Den Löwen kannst du dann als Wanddekoration in deinem Kinderzimmer aufhängen.

WISSEN

Wusstest du, dass Löwen die einzigen Raubkatzen sind, die im Rudel leben?

Einzigartige Mähne
Die Löwenmähne dient dazu, der Damenwelt zu imponieren. Außerdem schützt die Mähne den Nacken beim Kämpfen. An der beeindruckenden Mähne erkennt man die Gesundheit des Löwen, je dunkler die Mähne, desto besser ist die Ernährung.

Könnte der Löwe aussterben?
Leider ja, durch Nahrungsmangel, Wilderei und den durch den Menschen schwindenden Lebensraum ist der König der Tiere vom Aussterben bedroht.

Löwen leben in Afrika, aber ...
... nicht nur. 500 asiatische Löwen Restpopulation leben in einem Nationalpark in Indien. Hauptsächlich findet man Löwen in den Halbwüsten des südlichen Afrikas.

Gut gebrüllt
Mit dem Brüllen markieren Löwen ihr Revier, und das bei Sonnenaufgang und bei Dämmerung. Das Brüllen ist bis zu acht Kilometer weit zu hören.

DIE AMEISE

Eine Ameise allein? Das kann nicht sein! Ameisen leben immer in Gruppen, bilden Staaten und bauen hohe Ameisenhaufen.

Du brauchst

- Kraftpapier braun
- Karton
- Bastelkarton gelb, grün, braun
- Acrylfarbe schwarz
- Buntstift schwarz
- Reis
- Schere
- flüssigen Bastelkleber

So geht's

1 Für den ersten Schritt male Gänge auf den Karton. Hier kannst du viele Kammern und Kurven malen.

2 Schneide die Gänge aus. Du kannst auch einen Erwachsenen um Hilfe bitten.

3 Klebe die ausgeschnittenen Kartonstücke mit dem flüssigen Bastelkleber auf das Kraftpapier.

4 Schneide aus dem gelben Bastelpapier eine Krone, aus dem braunen Papier ein paar Käfer und aus dem grünen Bastelpapier Blätter und Gräser.

5 Klebe die Gräser, die Blätter, die Käfer und den Reis, der die Eier darstellt, in verschiedene Kammern.

6 Tupfe mit deinem Finger in die schwarze Acrylfarbe und drucke drei Kreise nebeneinander für eine Ameise. Klebe der Ameise, die bei den Eiern sitzt, die Krone auf, das ist die Königin.

7 Male Füße und Fühler an die Ameisen und Käfer.

1

2

3

4

5

6

7

Waldpolizei

Achte darauf, alles in die richtige Kammer zu legen. Ameisen haben es gerne ordentlich.

WISSEN

Es gibt bis zu 10.000 verschiedene Ameisenarten weltweit. Ameisen leben fast überall auf der Welt.

Der Ameisenkörper besteht aus drei Körperteilen, dem Kopf, der Brust und dem Hinterleib. Ihr Panzer besteht aus Chitin.
Die Größe der Ameisen ist unterschiedlich von 4 Millimeter bis zu 2 Zentimeter. Diese große Ameise ist die Bulldoggenameise und lebt in Australien.

Wie viele Ameisen leben in einem Bau?
Ein Ameisenstaat kann aus bis zu einer Million Tieren bestehen. Jede Ameise hat eine Aufgabe. Es gibt Arbeiterinnen, Soldatinnen, Ammen-Ameisen, Außendienst-Ameisen und Königinnen.

Ein Ameisenstaat mit mehreren Königinnen kann etwa 50 bis 80 Jahre alt werden.

DAS FLUSSPFERD

Das Flusspferd lebt in der Nähe von Wasser und ist ein Pflanzenfresser. Ob Flusspferde überhaupt schwimmen können, erfährst du hier.

WISSEN

Wusstest du, dass ein Flusspferd schlecht schwimmt?
Obwohl sie die meiste Zeit im Wasser sind, können Flusspferde nicht schwimmen. Sie gehen am Grund des Wassers entlang oder lassen sich treiben.

Flusspferde sind nachtaktiv. Sie kommen an Land, um zu fressen und zwar hauptsächlich Gras.

Flusspferde und das Ökosystem
Flusspferde gehören zu den zweitschwersten Säugetieren an Land. Mit diesen massiven Körpern und ihrem Gewicht erschaffen sie Wasserlöcher und Wassergraben, die wiederum Lebensräume für kleinere Lebewesen werden. Außerdem wird ihr Kot zu wertvollem Dünger, den sie mit ihrem langen dünnen Schwanz durch die Gegend verteilen.

Die Bedrohung
Das Flusspferd wird wegen des Fleisches und der Zähne, die aus Elfenbein bestehen, gejagt. Viele Menschen verdrängen die Flusspferde aus ihrem Lebensraum.

Spiel

Tauche in die Welt des Flusspferdes ein. Spiele mit den Tieren, fühle die Konsistenz und lass deiner Fantasie freien Lauf.

Du brauchst

- Oobleck (s. Rezept Seite 7)
- Steine
- Stöcke
- Pflanzen
- Tiere: Flusspferd, Krokodil

So geht's

1 Stelle zuerst den Oobleck her. Die Masse muss etwas ziehen, damit sie die richtige Konsistenz erreicht.

2 Baue ein Wasserloch auf. Verteile darin Steine, Pflanzen und Stöcke.

3 Nimm die Tiere mit ins Wasserloch.

1

3

2

DANKE

Danke an meine Lieblinge – meine Kinder Konstantin, Josefine und Lorenz, die mich jeden Tag aufs Neue motivieren. Meinen Mann Florian, der mich unterstützt und mir immer Mut macht. Danke an Meike, die mich entdeckt hat, die meine Bastelideen in einem Buch gesehen hat. Danke an den Verlag, der mir die Chance, gibt, meine Bastelideen mit Wissen zu veröffentlichen. Danke ihr Lieben, dass ihr mein Buch kauft, bastelt und euren Kindern spielerisch Wissen vermittelt.

Ebenfalls erhältlich ...

ISBN 978-3-8411-0244-7

ISBN 978-3-8388-3697-3

ISBN 978-3-8411-0195-2

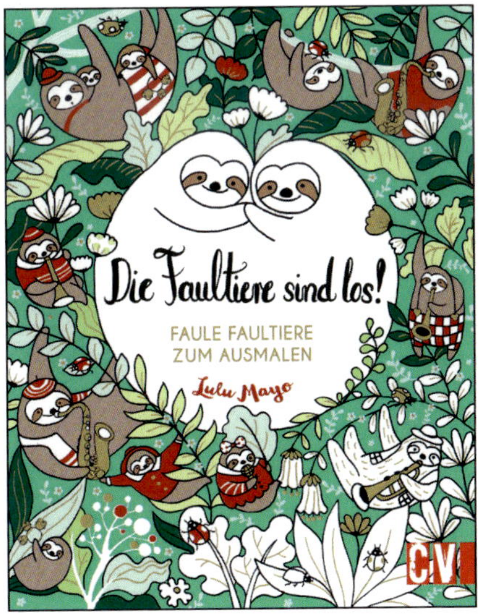

ISBN 978-3-8388-3759-8

IMPRESSUM

Autorin: Elisabeth Friedrich
Fotos: Elisabeth Friedrich
Produktmanagement: Mareike Weber
Lektorat: Sigrun Borstelmann
Korrektorat: Christiane Gsänger
Umschlaggestaltung: Andreas Kersten
Layout und Satz: Elke Mader
Repro: LUDWIG:media
Herstellung: Kathleen Baumann
Printed in Slovakia by Neografia

★★★★★

Sind Sie mit diesem Titel zufrieden? Dann würden wir uns über Ihre Weiterempfehlung freuen. Erzählen Sie es im Freundeskreis, berichten Sie Ihrem Buchhändler oder bewerten Sie bei Onlinekauf. Und wenn Sie Kritik, Korrekturen oder Aktualisierungen haben, freuen wir uns über Ihre Nachricht an: Christophorus Verlag, Postfach 40 02 09, D-80702 München oder per E-Mail an lektorat@verlagshaus.de.

Unser komplettes Programm finden Sie unter

www.christophorus-verlag.de

Die Deutsche Nationalbibliothek verzeichnet diese Publikation in der Deutschen Nationalbibliografie; detaillierte bibliografische Daten sind im Internet über http://dnb.d-nb.de abrufbar.

ISBN 978-3-8411-0245-4

Kreativ-Service

Sie haben Fragen zu den Büchern und Materialien? Frau Erika Noll ist für Sie da und berät Sie rund um alle Kreativthemen. Rufen Sie an! Wir interessieren uns auch für Ihre eigenen Ideen und Anregungen. Sie erreichen Frau Noll per E-Mail: kreativ-service@c-verlag.de oder Tel.: +49 (0) 89 13 06 99-577.

Besuchen Sie uns im Internet: www.christophorus-verlag.de